CINQ LETTRES INÉDITES DU

PÈRE GERBILLON, S. J.,

Missionnaire français à Pe-king.

(XVIIᵉ ET XVIIIᵉ SIÈCLES)

PUBLIÉES

PAR

M. HENRI CORDIER.

高

Extrait du « T'oung-pao », Série II, Vol. VII, Nᵒ. 4.

LIBRAIRIE ET IMPRIMERIE
CI-DEVANT
E. J. BRILL.
LEIDE — 1906.

CINQ LETTRES INÉDITES DU

PÈRE GERBILLON, S. J.,

Missionnaire français à Pe-king.

(XVIIe ET XVIIIe SIÈCLES)

PUBLIÉES

PAR

M. HENRI CORDIER.

高

Extrait du « *T'oung-pao* », Série II, Vol. VII, N°. 4.

LIBRAIRIE ET IMPRIMERIE
CI-DEVANT
E. J. BRILL.
LEIDE — 1906.

CINQ LETTRES INÉDITES DU

PÈRE GERBILLON, S. J.,

Missionnaire français à Pe-king.

(XVIIe ET XVIIIe SIÈCLES)

PUBLIÉES

PAR

M. HENRI CORDIER.

Le Père Jean-François GERBILLON, 張誠 *Tchang Tch'eng*, né à Verdun en 1654, le 21 janvier ou le 11 juin, est l'un des membres les plus remarquables de cette mission de jésuites qui a jeté, au XVIIIe siècle, à Pe-king, tant d'éclat sur le nom français.

On sait quelle fut l'origine de cette mission:

«Le jésuite Philippe COUPLET, Flamand de Malines, s'était embarqué à Macao (5 Décembre 1681), sur un navire hollandais pour défendre à Rome les intérêts de sa Compagnie. Débarqué en Hollande (Octobre 1682), il se rendit en Italie en passant par Paris. Là, Louvois et le duc du Maine se résolurent à lui confier la liste de leurs *desiderata* sur la Chine; il est probable que le roi et le P. de la Chaise pensèrent que, les intérêts de la France étant d'accord avec ceux de la religion et de la science, il serait mieux de confier à des Français qu'à des étrangers le soin de faire à

Pe-king des recherches pour le succès desquelles le roi de Portugal n'était pas moins zèlé que le fils ainé de l'Eglise.

Les six missionnaires désignés dans ce but étaient: le P. Guy Tachard, qui resta au Siam, Joachim Bouvet, Louis Le Comte, Jean de Fontaney, Jean-François Gerbillon et Claude de Visdelou. Ils s'embarquèrent à Brest le 1er Mars 1685 sur l'*Oiseau*, commandé par M. de Vaudricourt, avec le chevalier de Chaumont, ambassadeur du roi à Siam, et partirent le surlendemain. Ils arrivèrent en Chine le 23 juillet 1687 et à Pe-king le 7 février 1688» [1]).

Les progrès de Gerbillon dans la langue mandchoue, paraissent avoir été singulièrement rapides, car nous le voyons dès l'année qui suivit son arrivée à Pe-king, être avec le Père Pereyra [2]) un des interprètes qui prirent part aux négociations du traité de Nertchinsk (27 août 1689) signé en latin, en russe et en mandchou. D'ailleurs les travaux de Gerbillon sur le mandchou ont servi aux missionnaires de Pe-king jusqu'au P. Amiot dont les ouvrages ont pour base ceux de son devancier.

Gerbillon fut Supérieur de la mission française de Pe-king en 1699, après le P. de Fontaney qui en fut le premier; le 3 novembre 1700, Gerbillon fut nommé Supérieur de tous les Jésuites français de Chine; il est mort à Pe-king, le 22 mars 1707.

J'ai acheté de Charavay, il y a quelques années, les cinq lettres que je publie aujourd'hui. Elles sont inédites; toutes sont entièrement autographes; la troisième a été malheureusement fort endommagée et j'ai laissé en blanc les fragments déchirés.

H. C.

---

1) Henri Cordier, *Histoire générale* de Lavisse et Rambaud, VI, pp. 911—2.

2) *Thomas* Pereyra, né à S.-Martinho de Valo, 1er nov. 1645; arrivé en Chine en 1673; † à Pe-king, 24 déc. 1708.

I.

A Levau [1]), le 5e de Juin 1686.

Mon tres honoré Pere

Comme nous sommes sur le point de partir de ce Royaume

---

1) *Levau* est pour *Louvo*. «C'est, dit le P. Tachard (*Voy. de Siam*, 1687, p. 225), une Ville à quinze ou vingt lieues de Siam vers le Nord, où il passe neuf ou dix mois de l'année, parce qu'il y est plus en liberté, & qu'il n'est pas obligé de s'y tenir renfermé comme il fait à Siam, pour entretenir ses sujets dans l'obéissance & dans le respect».

«L'arrivée (22 août 1662) à Juthia, capitale du Siam, de Pallu, évêque d'Héliopolis, et de la Mothe-Lambert, évêque de Béryte, marque en réalité le commencement des relations de la France avec le Siam. Elles débutèrent dans des circonstances très particulières : la rivalité des Compagnies hollandaise et française dans l'Indoustan, la prépondérance de la première, enfin les avances faites à nos compatriotes par le roi Phra-Naraï. Baron, notre agent à Surate, envoya, en 1680, le vaisseau le *Vautour* avec Boureau-Deslandes, qui établit un comptoir au Siam. Par malheur, une première ambassade siamoise, à destination de la France, périt sur la côte de Madagascar avec le *Soleil d'Orient* qui la portait. Cependant un certain Constance Phaulkon, né vers 1648 dans l'île de Céphalonie, avait, après beaucoup d'aventures, échoué au Siam, où il avait fini par devenir premier ministre. Il se montra favorable aux Français, et, le 25 Janvier 1684, une deuxième ambassade partait de Siam et arrivait à Calais sans mésaventure. Fort bien reçus en France, les ambassadeurs siamois furent chargés d'une lettre de Louis XIV pour leur roi.

Le chevalier de Chaumont fut chargé, en qualité d'ambassadeur, d'accompagner les envoyés siamois. On lui donna comme second l'abbé de Choisy. L'*Oiseau* et la *Maligne*, commandés par MM. de Vaudricourt et de Joyeux, partirent de Brest le 3 Mars 1865, portant, outre l'ambassadeur et les envoyés siamois, les six jésuites dont nous avons parlé précédemment et quelques autres ecclésiastiques. Ils arrivaient le 23 septembre au mouillage de la rivière de Siam. Sans entrer dans le détail des intrigues qui eurent lieu à la cour entre Constance Phaulkon et le P. Tachard, disons qu'un traité fut signé à Louvo, le 10 Décembre 1685, par le chevalier de Chaumont et Constance Phaulkon, celui-ci «député avec ample pouvoir de Sa Majesté de Siam, pour accorder en son roial nom des privilèges aux missionnaires apostoliques dans tous ses roiaumes en la manière suivante». Le traité ne comprend que cinq articles. Ils sont tous relatifs au libre exercice de la religion chrétienne et à la protection des missionnaires et de leurs ouailles. Aucune clause politique ou commerciale. Beaucoup de bruit pour peu de chose. Une audience solennelle du roi, le 12 décembre, clôture la mission de Chaumont, mission toute d'apparat, qui eut un retentissement comparable à celui que causa un siècle plus tard l'ambassade de Macartney en Chine, mais qui eut toutefois une suite plus immédiate: l'envoi d'une nouvelle mission avec un but plus pratique que celui de la conversion des Siamois au christianisme. Chaumont quittait Siam le 22 décembre 1685 et, le 18 Juin suivant, il rentrait à Brest, accompagné de trois ambassadeurs siamois et de vingt mandarins, porteurs d'une lettre de Phra-Naraï à Louis XIV» [1]).

[1]) Henri Cordier, *Histoire générale* de Lavisse et Rambaud, VI, pp. 915—917.

pour aller a Macao qui est l'entrée de la Chine, ou ie ne trouveray apparemment occasion de vous escrire que vers le mois de Decembre prochain, ie laisse icy mes lettres entre les mains d'un de nos peres qui aura soin de les envoyer par les voyes les plus sûres. J'en laisserai deux pour vous et une pour ma mere qui seront envoyées par trois voyes differentes affin que vous en recevies au moins quelques unes. J'en useray de mesme autant que ie le pourray quand ie seray a la Chine ou la liberté que toutes les nations etrangeres y ont presentement pour le commerce nous donnera moïen d'envoyer des lettres plus souvent et par différentes voyes iusqua ce que l'experience nous ayt appris quelles seront les plus sures et les plus courtes.

Je vous ay escrit fort amplement par le vaisseau [1] qui nous a ammené icy et qui remeine M[r] l'ambassadeur [2] et ie vous ay envoyé une relation fort en detail de tout ce qui nous est arrivé depuis nostre depart de France [3] iusques au iour que M[r] l'am-

---

1) *L'Oiseau.*

2) *Alexandre*, Chevalier, puis Marquis de Chaumont, mourut le 28 janvier 1710; il était fils d'Alexandre de Chaumont, seigneur d'Athieules, branche de la famille de Quitry, et d'Isabelle du Bois des Cours, sa femme, fille d'Adrien, seigneur de Favières.

3) Dans sa première lettre, Gerbillon écrit à son père qu'il lui a envoyé «une relation fort en détail de tout ce qui nous est arrivé depuis notre départ de France jusques au jour que M. l'Ambassadeur est parti». M. de Chaumont a quitté le Siam le 22 décembre 1685. Le P. Sommervogel (*Bib. de la Cie. de Jésus*, III, col. 1847) écrit: «Michault dit avoir vu le manuscrit de la relation du voyage de Gerbillon jusqu'à Siam et prétend que l'abbé de Choisy en a composé la sienne: *Journal du voyage de Siam fait en 1685, par l'abbé de Choisy*, (Paris, Cramoisy, 1687, in-4) à laquelle il n'a fait qu'ajouter quelques ornements. Il en donne quelques fragments dans ses *Mélanges historiques et philologiques*, T. I, p. 258—274 (Paris, 1754 ou 1770, 2 vol. in-12)». Plus loin le P. Sommervogel cite le manuscrit:

Relation du Reverend Pere Gerbillon, de la Compagnie de Jésus escrite au bord de Loiseau, proche la barre de Siam, la 15 Déc. 1685, in-4, pp. 242 n. ch.

Il ajoute: «Ce MS. se trouve dans le Bibl. des Jésuites de Lyon, relié avec différentes pièces et précédé d'une lettre autographe du P. Gerbillon, sur papier de Chine, de 3 pp. gr. in-8, datée de Siam, 1er juillet 1686. Elle semble accompagner le MS. du voyage qui n'est pas de la main du P. Gerbillon».

D'après notre lettre, le MS. serait parti au contraire dès décembre 1685.

bassadeur est parti, et depuis ce temps la ie vous ay encore escrit au mois de Mars dernier par un anglois qui m'a promis de faire tenir fidellement mes lettres a Londres et de la a Paris. Je vous ay marqué dans cette lettre les traitemens favorables que le Roy de Siam et le seigneur Constance son 1er Ministre continuoit a nous faire. Il est vray que quand nous eussions esté parmy nos plus proches parens et nos meilleurs amis nous n'eussions pu esperer plus d'honnetetés et d'amities que nous en avons receu icy. Le Roy nous a fait l'honneur de nous envoyer 7 ou 8 repas magnifiques servis dans sa propre vaisselle et par ses officiers. Outre l'eclipse que nous observasmes en sa presence au mois de decembre dernier il nous donna une audience particuliere sur la fin du mois d'avril conioinctement avec Mgr l'evesque de METELLOPOLIS [1]) ou il nous témoigna une bonté extraordinaire. Tous les grands Mandarins du Roïaume, les 1ers officiers de la Couronne et le seigneur CONSTANCE luy mesme estoient derriere nous a genoux et prosternez presque le visage contre terre et demeurerent dans cette posture pendant tout le temps de nostre audience qui dura pres de deux heures et nous estions assis sur des tapis tout vis a vis du Roy sur une mesme ligne avec Mgr l'evesque de Metellopolis et avant hier il nous fit dire qu'il souhaitoit que nous observassions encore en sa presence l'eclipse de lune qui doit arriver icy demain au coucher du soleil; c'est la que nous aurons nostre audience de congé. Nous sommes particulierement redevable de toutes ces faveurs au seigneur Constance qui nous a touiours traité comme ses veritables freres; (cest la qualité qu'il donne a tous les Jesuites) il nous a touiours retenus a la cour depuis le depart de Mr l'ambassadeur de France

---

1) *Louis* Laneau, de Mondoubleau dans le pays du Mans, au diocèse de Chartres, missionnaire au Siam (Missions étrangères de Paris), évêque de Métellopolis, premier vicaire apostolique de Siam, Japon, etc., administrateur général du Tong-king, et de la Cochinchine en 1681, de la Chine en 1684; † à Siam le 16 mars 1696, à l'âge de 60 ans.

et n'a pas voulu que nous eussions d'autre table que la sienne; il n'a pas fait le moindre voyage qu'il n'aye touiours mené quelques uns de nous avec luy; ie l'ay accompagné dans tous ceux qu'il a fait, luy l'ayant touiours désiré ainsi: il eut bien voulu que ie restasse tout a fait icy et il m'a pressé sur cela autant qu'on le peut. Mais comme ie ne suis pas venu aux Indes pour demeurer a la Cour, je m'en suis touiours excusé aimant mieux aller a la Chine ou i'espere que ie pourray travailler a la conversion des idolastres plus facilement et ou il y a une plus grande disette d'ouvriers que dans ce Royaume dans lequel il y a beaucoup d'ecclesiastiques et fort peu de chrestiens. J'eusse mené icy une vie trop commode et trop aisée et ce n'est pas ce que ie cherche: il me sera bien plus avantageux d'estre dans quelque province de la Chine obligé de souffrir quelque chose pour la gloire de Dieu que de demeurer dans une cour ou ie n'eusse receu que de l'honneur et ou ie n'eusse pu me dispenser de mener une vie trop dissipée.

Nous devons nous embarquer dans un vaisseau qui appartient a Mr Constance et qu'il a donné a un capitaine portugais de Macao qu'on dit estre le plus experimenté de tous ceux qui sont icy, en nostre considération et a condition que nous y serions les maistres et Madame Constance s'est chargée elle mesme du soin de toutes les choses necessaires pour nostre nourriture-ainsi nous serons venus de France a la Chine sans qu'il nous en aye rien couster. Le vaisseau qu'on nous donne est le meilleur qui soit dans le port de Siam et comme nous prenons la saison la plus favorable et que nous avons un bon capitaine qui a fait deja ce voyage plus de 10 ou 12 fois il y a grande apparence que nostre navigation sera heureuse: elle n'est que de 500 lieuës que l'on fait ordinairement en moins d'un mois. Quand nous serons arrivés à Macao nous escrirons de la au P. Ferdinand VERBIEST [1]) qui demeure touiours a la Cour de l'empereur de la Chine aupres duquel il est en plus grand crédit que iamais et nous attendrons ses reponses suivant lesquels nous prendrons nos mesures pour nostre entrée dans la Chine dont Macao est comme la porte et pour l'exécution des desseins dont nous sommes chargés de la part du Roy. Nous avons tout suiet d'esperer un succes favorable de nostre entreprise dans la Chine ce que vous verrez bien par les dispositions favorables ou les affaires de la religion chrestienne sont dans ce royaume et par les marques eclattantes de bonté que l'empereur a donné a nos peres l'année passee et dont ie vous envoye une petite relation tirée des lettres que nous avons recuës icy depuis deux mois. J'ay adiouté a cette petite relation quelques remarques sur la maniere dont les Japponnois en usent a present avec les etrangers. J'avois dessein d'y ioindre une petite relation de l'estat present du Royaume de Siam mais comme un de nos peres qui reste icy [2]) s'est chargé d'en envoyer une a Paris ie me contenteray de prier le P. procureur de nostre province de vous en envoyer une copie et de faire seulement quelques remarques sur la maniere dont se gouverne la cour du Roy de Siam.

Jay bien suiet de remercier Dieu de toutes les graces qu'il m'a fait depuis mon depart de France puis qu'outre la protection speciale qu'il nous a donné dans toutes nos affaires iay eû cet avantage particulier que ie n'ay pas encore ressenti la moindre incommodité de maladie malgré la diversité des climats; de sorte que ie suis presentement graces a Dieu en aussi bonne santé que i'estois lorsque ie partis de Paris. Ie croiois les chaleurs de la zone torride bien plus insupportables que ie ne les ay trouvé icy ou i'ay veu

---

1) *Ferdinand* Verbiest, 南懷仁 *Nan Houai-jen*, né à Pitthem, près de Courtrai, le 9 oct. 1623; arrivé en Chine en 1659; † à Pe-king le 29 janvier 1688; Président du Tribunal des Mathématiques.

2) Le P. Guy Tachard.

passer le soleil par dessus nos testes et eprouvé les plus grandes chaleurs de l'esté sans autre incommodité que celle de suer beaucoup toutes les après disners; mais les nuicts sont touiours assez fraiches pour pouvoir dormir commodement et les matinees sont assez supportables pour pouvoir travailler iusques a midy sans estre beaucoup incommodé de la chaleur. L'air est si pûr qu'il n'y a iamais de maladies populaires. Les eaux commencent deja a couvrir la terre et les rivieres a se deborder ce qui croitra touiours iusqu'au mois de Novembre. Dez que nous serons arrivés a Macao nous nous appliquerons a apprendre la langue chinoise qui est extremement difficile non seulement a parler a cause des differens tons qui faut donner a chaque mot, un seul signifiant quelquefois 15 et 20 choses toutes differentes selon les differens tons qu'on luy donne, mais surtout a lire et a escrire parcequ'ils ont autant de lettres differentes que de mots; n'y ayant point d'alphabet chez eux comme chez nous mais autant de differentes figures qu'il y a de mots, de sorte qu'ils ont iusques 70 ou 80 milles lettres differentes; ce sera la une grande occupation pour nous. Mais iespere que Dieu nous assistera ce qui me console c'est qu'il n'est pas necessaire d'attendre quon sache la langue dans la perfection pour commencer a travailler a l'avancement de la religion et que dans moins d'un an on peut assez apprendre a parler cette langue pour estre en estat de faire des catechismes et de petites instructions. Demandez a Dieu, Mon cher Pere, qu'il me fasse la grace de devenir un instrument capable de travailler a ce grand ouvrage de la conversion des ames. Plus i'approche de la Chine plus ie me reconnois indigne d'un si grand employ; toute ma confiance est comme ie vous lay deja mandé plusieurs fois que Dieu se peut servir des instrumens les plus foibles pour l'execution de ses desseins. et que iespere qu'il achevera son ouvrage en mettant dans moy les dispositions necessaires pour bien remplir les devoirs de la vocation qu'il m'a donné: cest la faveur

que ie vous coniure de luy demander pour moy dans vos prieres
et de me recommander a celles de toute la famille et particulierement de mes tantes religieuses dans lesquelles iay beaucoup de confiance. Permettez moy aussi d'assurer icy ma mere de mon obeissance
et de saluer mes freres, ma soeur, ma belle soeur, et toute la famille,
sans oublier la chere Magdelon et son petit frere. Je prie Dieu de
tout mon coeur qu'il les comble de ses bénedictions et qu'il les
conserve dans sa sainte grace; soyez aussi persuadé que pour estre
eloigné de ma famille, ie n'en ay pas moins d'attachement pour elle
en J. C. Dieu m'est temoin que ie ne manque aucun iour de luy
demander bien particulierement qu'il vous comble de ses consolations,
surtout qu'il vous maintienne dans la voye du salut. Je dis pour
cela toutes les semaines une messe a vostre intention, et ie continueray touiours a le faire; vous pouvez compter sur cela. Je vous
ay prié et ma Mere aussi dans mes lettres precedentes de m'envoyer quand vous en aurez la commodité quelques unes de ces
petites boetes de christal taillés a plusieurs facettes des couleurs
les plus vives dans lesquelles on met de l'eau de la reine de
Hongrie avec des larmes de verre et quelques autres bagatelles de
verre qui sont fort estimées dans ces pays et qui servent souvent
a donner entrée dans l'esprit des idolastres pour leur parler ensuite
de la religion et ie vous ay aussi prié qu'en cas que le P. procureur
de nostre province vous demanda de ma part quelque argent pour
payer quelques livres que iay demandé vous eussiez la bonté de le
luy faire tenir pourveu que cela ne vous incommode point. Je scay
bien que le P. Verjus [1]) fournira volontiers a tout s'il est en
pouvoir de le faire, ainsi ie ne croy pas que vous en soiez beaucoup
importuné. Mais en tout cas ie ne doute pas que vous ne me fassiez
volontiers la grace que iay demandé. Je vous ay aussi mandé d'ad-

---

1) *Antoine* Verjus, né le 23 janvier 1632 à Paris ou à Joigny; procureur des missions
du Levant; † à la maison professe de Paris, rue St. Antoine, 16 mai 1706.

dresser les lettres que vous voudrez me faire tenir au R. P. Verjus a St Louïs, rüe St Antoine, lequel scaura toutes nos correspondances Les Hollandois partent ordinairement pous les Indes vers la fin de Janvier et au mois d'Aoust. Les Anglois partent, dit-on, presque en toutes saisons et les vaisseaux françois vers le commencement de fevrier. Ainsi vous pouvez prendre sur cela vos mesures quand vous me voudrez faire scavoir de vos nouvelles. Ie suis touiours avec le mesme respect et la mesme soumission

Mon tres honoré Pere

Vostre tres humble et tres obeissant fils

J. F. GERBILLON

de la Comp^{ie} de Jesus.

A Siam le 18 de Juin.

Depuis ma lettre ecritte nous sommes venus icy de Levau apres avoir pris nostre audience de congé du Roy qui nous la voulut donner publiquement dans le mesme lieu ou il donne ses audiences particulieres aux Ambassadeurs. Sa Majesté s'entretint avec nous une heure et demie environ, nous temoigna pendant tout ce temps la une bonté si particuliere que les grands mandarins qui y assistoient en furent étonnés; il nous chargea de luy faire souvent scavoir de nos nouvelles quand nous serions a la Chine. Il nous fit encore donner des habits et ordonna qu'on nous en fit a la chinoise pour entrer dans la Chine; il donna aussi un grand crucifix d'or au Pere MALDONAT [1]) superieur de nostre maison de Siam en reconnoissance des bons services qu'il luy rendit l'année passée a Macao. Le lendemain le Roy nous envoya inviter de venir voir prendre

---

1) Sans doute *Jean-Baptiste* Maldonado, né à Mons, 15 oct. 1634; † au Cambodge, 5 août 1699.

deux grands elephans. que ses chasseurs avoient fait entrer dans un enclos qui est destiné a les prendre et qui n'est qu'a un quart de lieüe de Levau; nous y allames monté sur des elephans que le Roy nous envoya et Sa Maj. nous fit l'honneur de nous faire placer dans le mesme enclos ou il estoit, ce qui est un privilege qui ne s'accorde a personne; il nous temoigna encore la mille bontés et deux iours apres nous prismes congé du Seigneur Constance, nostre insigne bienfaiteur, qui nous a comblé d'honneur et d'amitié pendant tout le temps que nous avons esté en ce roiaume et qui a pourveu libéralement a tous les besoins de nostre voïage d'icy a la Chine. Nous partirons d'icy selon toutes les apparences le lendemain de la St Jean au plus tard pour nous aller embarquer et nous mettrons a la voile vers le 1er de Juillet pour arriver s'il plaist a Dieu a Macao sur la fin du mesme mois. Ayez s'il vous plaist la bonté d'envoyer le plus tot que vous pourrés une copie de la relation que ie vous escrit et de celle qu'on vous envoiëra de ma part aux RR. PP. De Haraucourt, Dez [1]), Barthelemy, Daubenton [2]) et Lobal en leur faisant mes complimens; il suffit que vous en fassiez une copie ou deux et que vous priez ceux auxquels vous les addresserez de les envoyer aux autres. Vous comprenez bien qu'il ne me seroit pas aisé de multiplier de longues lettres estant si éloigné.

Le 1er Jour de Juillet 1686. A Siam.

Avant que de fermer ma lettre j'y adioute ce mot pour vous marquer que nous partons demain d'icy pour nous embarquer ïeudy a la barre ou embouchure de la riviere et mettre a la voile vendredy. Je ne vous escriray par la voyé de Hollande que de Macao par ce

---

1) *Jean* Dez, né à la Neuville-au-Pont, près Sainte Menehould (Marne), 3 avril 1643; à cette époque était recteur de Strasbourg; † à Strasbourg, 12 sept. 1712.

2) *Guillaume* Daubenton, né à Auxerre, 24 oct. 1648; confesseur de Philippe V; † à Madrid, 7 août 1723.

qu'on m'a assuré que les vaisseaux qui iront de Macao à Batavie
y arriveront avant qu'il y en aille d'icy-mais ie vous ay escrit par
un vaisseau de Mr Constance qui va au Tonquin ou on nous assure
qu'il trouveroit un vaisseau Anglois prest a partir et qui arrivera en
France trois ou 4 mois avant que vous receviez cette lettre. J'ay
aussi ecrit a ma Mere par la voye d'un vaisseau anglois qui est
icy et qui doit aller en Europe ou il n'arrivera que dans un an
parce qu'il ira auparavant a Madrasse. Le Roy de Siam nous a
envoyé encore chacun douze habits de soye complet a la tartare
de la maniere que tout le monde s'habille a la Chine; il nous a
aussi fait escrire au capitaine general de Macao une lettre de
recommendation de sa part en nostre faveur. Adieu encore une fois,
mon tres cher et tres honoré Pere; ie vous embrasse de tout mon
coeur et ma Mere aussi. Je croiois escrire une grande lettre au cher
pere Barthelemi, au P. Dez et au P. Daubenton, mais le temps me
manque estant chargé de toutes les affaires de nostre embarquement,
ainsi ie vous prie de suppléer en ma place leur faisant mes excuses
et leur envoyant les nouvelles que ie vous mande dans cette lettre
avec une copie de la petite relation que ie vous envoye aussi. Je
leurs escriray amplement de la Chine quand i'y seray arrivé; priez
cependant Dieu pour moy ie vous en coniure encore une fois.

A Monsieur

Lorraine

Monsieur GERBILLON de Buzy

Ancien Magistrat de Verdun.

A Verdun

Lorraine.

II.

A Siam le 19 de Juin 1686.

Ma tres chere et tres honorée Mere

Dans l'incertitude ou ie suis si les deux lettres que i'escris d'icy a mon Pere pour luy estre envoyée par deux differentes voyes luy seront renduës, ie vous repeteray encore a peu pres les mesmes choses dans cette lettre qui vous sera envoyée par une troisiesme voye affin que vous receviez au moins quelqu'une de ces trois lettres et ie continueray a vous escrire ainsi les mesmes choses par plusieurs voyes differentes quand ie seray arrivé a la Chine, scachant bien que dans une route aussi longue et aussi difficile qu'est celle que doivent faire mes lettres pour vous estre renduës il y a touiours grand danger que la plus part ne se perdent; si vous desirez que ie recoive surement de vos nouvelles, il faut que vous en usies de mesme de vostre part faisant scavoir au P. Verjus ou a celuy qui pourroit estre procureur des missions d'Orient en sa place auquel vous addresserez touiours toutes vos lettres pour moy quelles lettres seront pour estre envoyees par des voyes differentes; il y vient surement tous les ans d'Europe en ces pays cy des vaisseaux de quattre nations differentes. Les vaisseaux françois ne partent guerres qu'une fois l'année c'est a scavoir vers le mois de Janvier ou de Feuvrier, les Hollandois partent dit-on surement en deux saisons differentes vers la fin de Decembre ou au commencement de Janvier et au mois d'Aoust ou de Septembre, les Anglois partent indifferemment presques dans tous les mois de l'année et les Portugais ne partent qu'une fois au mois; de Mars cette derniere voye est peut estre la plus longue mais elle sera la plus sûre pour nous a cause des correspondances reglées que les Portugais ont avec la Chine, la ville de Macao qui en est l'entrée leur appartenant et ne manquant aucune année d'y envoyer des vaisseaux. Nous avons deja pris en passant à Batavie un correspondant pour la voye de Hollande qui a soin de recevoir et d'envoyer tout ce que nos peres luy addressent pour l'Europe ou tout ce qu'on luy addresse d'Europe pour nos peres. Nous avons icy des personnes qui auront soin d'envoyer et de recevoir nos lettres par la voye de France et d'Angleterre et comme le commerce est presentement ouvert a la Chine pour toutes les nations, on aura bien moins de peine pour les lettres qu'on n'en avoit auparavant. Nous sommes presentement sur le point de partir pour aller a Macao ou nous avons un fort beau college; quand nous y serons arrivé nous escrirons de la au Pere Ferdinand Verbiest pour l'advertir de nostre arrivée et des desseins pour lesquels nous sommes envoyés a la Chine; suivant les reponses que nous recevrons de luy nous prendrons avec les superieurs de ces missions des mesures pour nostre entrée dans l'empire de la Chine ou nous avons tout le suiet possible d'esperer que nos desseins pour la gloire de Dieu et pour le service du Roy reussiront veu les dispositions favorables dans lesquels nous apprenons par toutes les nouvelles qui sont venües cette année de la Chine que l'empereur de cette grande Monarchie est a l'egard du christianisme et en particulier a l'egard de nos peres pour lesquels il temoigne tous les iours plus d'estime et de bienveillance; vous apprendrez les marques eclattantes qu'il leurs a données de sa bonté l'année derniere par la petite relation que i'envoye a mon pere de l'estat present des affaires de la Chine du Japon et de la maniere dont on se gouverne en cette cour; je l'ay laissé icy entre les mains d'un de nos peres qui reste icy et qui aura soin de l'envoyer par la voye qu'il iugera la plus sure.

Le vaisseau sur lequel nous devons nous embarquer est deja

hors de la riviere et nous devons partir dans 5 ou 6 iours pour l'aller ioindre affin de mettre a la voile le 1ᵉʳ de Juillet au plus tard; ce vaisseau appartient au seigneur Constance qui l'a donné a un capitaine portugais le plus experimenté et le plus habile qui soit en ces pays cy pour nous conduire a Macao et il le luy a donné comme le meilleur vaisseau qui fut icy en son pouvoir et a condition que nous y serions les maistres. C'est ainsi qu'apres nous avoir icy comblé d'honneur et de biens, il a voulu encore prendre le soin que nous fissions nostre voiage le plus surement et le plus commodément qu'il se peut. Comme nostre capitaine est habile et qu'il a deja fait ce voyage dix ou 12 fois et que le vaisseau est tres bon et que nous prenons la saison la plus propre, les vents qui regnent a present dans ces mers estant presque touiours favorables, on dit qu'il n'y a pas grand danger. Le voyage n'est que de 4 a 5 cent lieües qu'on fait ordinairement en moins d'un mois et pendant lequel ou ne perd guerre la terre de veüe. Il y a dans le vaisseau une chambre assez grande et assez propre qu'on nous donne toute entiere pour nous quattre et Madame Constance a voulu elle mesme prendre soin de nous pourvoir abondamment de toutes les choses necessaires pour notre subsistance. Jugez par la des obligations que nous avons a la Providence qui nous fait trouver dans un pays si eloigné des protecteurs et des bienfaiteurs qui nous temoignent plus de bonté et qui nous font plus de bien que nous n'en pourrions esperer de nos plus proches parens et de nos meilleurs amis; il est vray qu'on ne peut rien adiouter aux bons traitemens que nous avons receu icy de ce genereux seigneur. Il nous a touiours retenu a la Cour aupres de luy depuis le depart de Mʳ l'ambassadeur de France et n'a pas voulu que nous eussions pendant tout ce temps la d'autre table que la sienne; toutes les fois qu'il a fait quelque petits voïages il a touiours voulu que quelques uns de nous l'accompaguassent et ie puis dire qu'il m'a temoigné a moy particulierement une bonté extraordinaire; il m'a touiours demandé nommement pour aller avec luy et il m'a pressé autant qu'il se pouvoit pour m'engager a rester icy aupres de luy. Mais comme iay touiours eu une vocation particuliere pour la Chine ou iespere que ie pourray rendre plus de service a Dieu et au Roy, et que d'ailleurs ie ne suis pas venu si loin pour mener une vie de cour, ie me suis tellement deffendu de demeurer icy qu'enfin il s'est contenté d'un autre de nos peres qui y restera iusqu'a ce que les Jesuites que le Roy de Siam a fait demander par ses ambassadeurs soient arrivés icy, apres quoy il pourra nous venir ioindre a la Chine. Nous sommes aussi redevables a ce mesme Seigneur des graces et de l'honneur que le Roy nous a fait puisque c'est luy qui nous les a procurés aupres de Sa Majesté qui se rapporte a luy de toutes choses. Outre l'audience que le Roy nous donna a nous six pendant que M^r l'ambassadeur estoit icy et l'observation d'eclipse qu'il fit avec nous au mois de Decembre et dont ie vous ay parlé dans mes autres lettres, il nous en a donné depuis ce temps la deux autres publiquement dans le mesme lieu ou il la donne aux ambassadeurs; il nous donna la premiere conioinctement avec Mgr l'evesque de Metellopolis, vicaire apostolique et administrateur general des missions de tous ces pays-cy; il nous y dit mille choses tres obligeantes pendant pres de deux heures qu'il demeura avec nous, témoignant prendre beaucoup de part a tous nos desseins et a tout ce qui nous regardoit; dans la derniere qui fut nostre audience de congé ou nous estions seuls avec le superieur de nostre maison de Siam auquel il donna un grand crucifix d'or en recounoissance des bons services qu'il luy rendit lannée passée a Macao, Sa Maiesté nous entretint environ une heure et demie; d'un air plein de bonté et de douceur, il s'informa si on avoit pourveu a tout ce qui estoit necessaire pour la sureté et la commodité de nostre voïage; il nous fit encore donner a chacun un habit et ordonna qu'on nous en fit a la tartare de la maniere dont tout le monde les porte a la Chine. Il nous temoigna ensuitte que nous luy ferions plaisir de luy faire souvent scavoir de nos nouvelles et de luy faire part de toutes les remarques curieuses que nous ferions a la Chine. Dans toutes les deux audiences nous estions assis sur des tapis a deux ou trois pas du Roy et tout vis a vis de luy; tous les plus grands Mandarins du Royaume estant cependant derriere nous a genoux appuyés sur leurs coudes les mains iointes et le visage contre terre; Mr Constance y estoit luy mesme nous servant d'interprete. C'est la coustume du pays et presque de tous les royaumes d'orient de ne paroistre qu'en cette posture devant les Roys qu'on revere comme autant de divinités, aussi a-t-on esté extremement surpris icy que le Roy se soit si fort relasché en nostre faveur sans que nous l'eussions demandé, et qu'il nous aye receu avec tant de bonté et de familiarité. Outre cela il nous a envoyé 7 ou 8 repas magnifiques servis dans sa propre vaisselle et par les officiers de sa maison qui est une autre faveur fort extraordinaire. Il s'est fait montrer plusieurs fois le plan et le modelle que nous avons fait de la maison qu'il nous fait bastir a Levau avec une eglise et un observatoire qui sera magnifique pour le pays; il envoye souvent des grands mandarins pour presser l'ouvrage; enfin il nous a comblé de témoignages d'une bonté tres singuliere iusques la que nous ayant invité le lendemain de nostre audience de congé a venir voir prendre deux Elephans sauvages que ses chasseurs avoient ammené tout proche dë Levau il prit luy mesme le soin de nous faire placer dans le mesme enclos ou il estoit; vous iugez bien par la que nous avons bien des graces à rendre a Dieu de nous avoir fait trouver dans la cour d'un Roy gentil un acceuïl si favorable. Au reste ie n'ay iamais esté graces a Dieu en meilleure santé que ie le suis a present; je n'ay pas eu depuis mon depart de France la moindre attaque de maladie et ie me porte presentement aussi bien que quand ie partis de Paris; c'est une obligation particuliere que iay a Dieu; car tous nos autres peres ont eu chacun quelque incommodité, quoy qu ils se portent bien tous a present. Il s'en faut beaucoup que ie n'aye trouvé les chaleurs de la zone torride aussi insupportables que ie le croyois. J'ay veu passer le soleil sur nos testes sans en ressentir d'autre incommodité que celle de suer beaucoup les apres dinees, car pour le matin le temps est touiours assez doux lorsqu'on ne s'expose pas au soleil et on peut travailler fort tranquillement dans la maison; les nuicts sont ordinairement beaucoup plus fraîches qu'en France pendant le grand esté; outre qu'il y a presque touiours du vent et souvent de la pluye en esté qui rafraichit beaucoup l'air, cet air est admirablement bon et si pur qu'il n'y a iamais de maladie populaire en ce pays cy et qu'on peut dormir au serein sans en estre aucunement incommodé; nous allons dans un pays qui doit estre moins chaud encore puisqu'il s'éloigne touiours davantage de la ligne equinoctiale.

Comme le temps approche auquel i'espere commencer a travailler a la conversion des infidels iay plus besoin que iamais qu'on prie Dieu pour moy. Demandez luy ie vous en coniure ma chere Mere qu'il me fasse la grace de remplir fidellement tous les devoirs de ma vocation et qu'il mette en moy les dispositions necessaires pour l'accomplissement de ses desseins. L'employ que ie vas prendre demanderoit la vertu et le zele d'un Apostre dont ie suis bien éloigné: c'est pourquoy recommandez moi aux prieres de toute nostre famille et particulierement de mes tantes les religieuses auxquelles iay beaucoup de confiance et soyez bien persuadé que pour estre si éloigné de vous et de toute ma famille, ie n'en ay pas moins de tendresse ni moins de zele pour vos veritables interests et que ie ne passe aucun iour sans les recommander bien particulierement a Dieu dans mes petites prieres, ne manquant iamais toutes les fois que iay l'honneur de presenter a Dieu l'auguste sacrifice de la Messe de luy demander qu'il vous comble de ses plus saintes consolations et surtout qu'il vous maintienne iusques a la fin dans la voye du salut. Je dis de plus pour cela toutes les semaines une messe a vostre intention et ie continueray touiours a le faire, vous pouvez compter sur cela. Je vous ay prié dans mes lettres precedentes de m'envoyer quand vous en aurez la commodité quelques unes de ces petites phioles de christal taillé et des couleurs les plus vives dans lesquels on met de l'eau de la reine de Hongrie, des larmes de verre et quelques autres bagatelles de cristal dont on fait grand cas en ces pays cy et qui peuvent beaucoup servir pour trouver entrée chez les grands que l'on gagne ensuitte plus facilement a la religion. S'il me tombe quelque curiosité en main dans la Chine ie ne manqueray pas de vous en faire part, comme iay aussi demandé quelque livres dont iay besoin en mon particulier et que iay chargé le pere procureur de nostre province a Paris de me les envoyer, en cas qu'il vous demande quelquargent pour cela ie vous ay prié de le lui fournir si cela ne vous incommode point; il ne vous en demandera qu'en cas que le pere Verjus procureur des missions ne soit pas en estat d'y fournir, car ie suis assuré qu'a moins que sa bourse ne soit bien epuisé il y fournira de bon coeur — surtout ce que ie demande n'estant pas de grande depense. A Dieu Ma chere Mere ne vous souvenez de moy que pour vous reiouir de toutes les faveurs dont Dieu me comble tous les iours et priez le qu'il me fasse la grace de ne m'en pas rendre indigne par ma lacheté dans son saint service. Agreez que i'assure icy Mon pere de mon obeissance et que i'embrasse de coeur mes freres ma soeur et ma belle soeur sans oublier la chere Magdelon et son petit frere; tenez la main qu'ils soient elevés dans la crainte de Dieu. Je salue aussi mes oncles mes tantes et toute la famille et ie suis plus particulierement et avec plus de soumission que iamais

Ma tres chere et tres honorée Mere

Votre tres humble et tres obeissant fils

J. F. GERBILLON
de la Comp^ie de Jesus.

Saluez aussi de ma part ie vous en supplie ceux de nos peres que vous scaurez estre de ma connoissance au college de Verdun.

A Mademoiselle
Mademoiselle GERBILLON de Buzy

Lorraine   A Verdun

Lorraine

A Siam le 9e decembre 1686.

Je rouvre cette lettre pour y adiouter ce que ie vous ay deja mandé par les lettres que ie vous ay escrite par la voye de France: cest a scavoir qu'estant parti pour aller a la Chine nous avons esté obligé de relascher des le 3e iour de nostre navigation et de retourner icy, la tempeste dont nous fusmes surpris ayant fait ouvrir nostre vaisseau en plusieurs endroits de sorte que si nous n'avions eu un capitaine resolu et intelligent nous courrions grand risque de nous perdre, le vaisseau ne s'estant pas trouvé si bon qu'on le croioit; je vous ay mandé tout le détail de cela et de nostre retour icy ou nous sommes obligé de rester encore iusqu'au mois de Juin vers lequel nous partirons pour la Chine; nous tacherons de prendre toutes les mesures necessaires pour assurer nostre voyage; c'est une chose facheuse en ces pays cy que quand on a manqué son voyage vers le mois de Juin ou de Juillet il faut attendre une année entiere pour le faire parce que les vents ne sont propres pour cette navigation que dans ce temps la; il faut sur cela se conformer a la volonté de Dieu qui nous a voulu laisser encore plus de temps pour nous disposer a travailler aux saluts des ames. Priez Dieu que mes pechez et ma lacheté dans le service de Dieu ne m'en rende pas indigne.

Je m'attendois hier a recevoir de vos nouvelles lorsqu'on nous apporta un assez gros pacquet de lettres de Paris qui sont dattée du mois de Janvier de cette année 1686. Nous avons eu la consolation d'apprendre la destruction de l'heresie en France et plusieurs autres nouvelles favorables a la religion, mais ie n'ay receu qu'une seule lettre d'un jesuite de mes amis qui m'escrit de Paris de sorte que ie n'ay point encore eu de vos nouvelles depuis que ie suis parti de France et ie n'en dois pas attendre apparamment de sitôt. Jay appris la mort du P. NYEL [1]) a Paris et celle du P. LONGEAUX en Perse. Je salue encore une fois mes freres et ma soeur apres avoir presente mes respects a mon pere. Je vous aurois escrit auiourdhuy un peu plus au long si la personne qui vous doit porter cette lettre ne partoit auiourdhuy ou demain d'icy ou elle n'est arrivée que d'hier au soir, outre que ie dois prescher demain en portugais dans nostre eglise.

---

1) *Louis* Nyel, né à Sommerécourt (H[te] Marne), 6 août 1622; confesseur du Duc d'Orléans; † à Montbard, 30 nov. 1685.

III.

A Siam, le 8ᵉ de Juin 1687.

Mon tres cher Pere

La paix de nostre Seigneur

J'appris avec bien de la douleur au mois de Decembre dernier par les lettres que nous receusmes de Paris dattée du mois de Janvier 1686 que le R. P. NYEL estoit mort deux ou 3 mois avant que ces lettres fussent escrites et iay veu depuis un ecclesiastique de   qui ma dit que vous esties resté a Paris avec le R. P. de LA BOURDONNOIS a present confesseur de son Alt. Royale Monsieur et comme il me fit des recommendations de vostre part il est iuste que ie vous en remercie et que ie vous marque avec combien de ioye i'appris par la que vous ne m'aviez pas encore oublié. Jespere aussi que vous priez Dieu pour moy. Je vous coniure de continuer et d'estre persuadé que de mon costé ie me souviens tous les iours de vous a l'autel ce que ie continuëray touiours en reconnoissance de tant de bons offices que vous m'avez rendus et si Dieu nous fait la grace d'arriver heureusement a Namkim qui est la 2ᵈᵉ ville de l'empire de la Chine ou nous allons en droiture vous aurez l'an prochain des nouvelles de lestat du christianisme dans ce grand [   ] ou il y a de plus favorables dispositions [   ] pour la religion Dieu me fasse la [   ] quelquechose a son [   ] scay bien que ie suis tres indigne [   ] employé a un aussi saint ministere [   ] est celuy de la conversion des [,   ] que ie ne suis pas assez converti moy [mesme

pour] travailler a la conversion des autres [   ] ie me

confie en la misericorde de Dieu [   ] laisse pas souvent

de se servir des plus [   ] pescheurs pour l'execution

de ses [desseins] priez Dieu encore une fois Mon cher [Pere   ]

pechez ne mettent point [   ] la conversion des personnes

parmi [   ] vivre.

Je ne vous escris [pas] de nouvelles de ces pays cy si vous

[   ] vous le pouvez en lisant la lettre que j'écris

au P. Le Gobien ¹) et que i'address toute ouverte au P. Galard

ou a celuy qui seroit procureur de nostre province en sa place;

vous m'obligerez mesme d'en faire faire une copie pour l'envoyer

de ma part au R. P. Mathieu ²) et au R. P. de Lyoncourt et au

R. P. Dez. Si vous n'avez pas la commodité de le faire, ecrivez ie

vous prie au cher P. Godinet a qui ie prie le P. Le Gobien d'en

envoyer une copie, qu'il l'envoye a ces peres que ie vous marque

aussi bien qu'aux autres que ie lui marque dans la lettre que ie

luy escris. J'ay mandé au P. Verjus qu'il tasche de nous envoyer

quelques estuis de cousteaux ciseaux et autres pieces de coutellerie

ioliment travaillee et garnies de belle ecaille de tortuë et qu'autre-

fois vous m'aviez fait voir de tres beaux estuis garnis de cousteaux

à manches d'ecaille de tortuë facon de Nogent de ciseaux fort

propre et de poinçon a compas pour un escus ou un escus dix

sols et que ie croiois que vous vous employeries de bon coeur a

---

1) *Charles* le Gobien, né à Saint-Malo en 1653; procureur des missions de la Chine;
† à la maison professe de Paris, le 5 mars 1708.

2) *François* Matthieu, né à Joinville (H^te Marne), 7 avril 1615; recteur de Nancy;
† à Dijon, 13 oct. 1688.

faire de ces sortes d'emplettes pour nous. On ne peut en ces pays se passer de quelques bagatelles curieuses d'Europe pour faire des presens a ceux dont on a besoin tous les iours pour le bien de la religion, la coustume estant de ne demander [ni] recevoir aucune grace a la Chine sans donner quelque present et qu[avec] quelques curiosités d'Europe on epargne souvent des sommes d'argent qu'il faudroit donner; ainsi quand vous pourrez m'en [   ] unes de ceux que vous scavez estre mes amis sans les in [

vous m'avez temoigné iusqua present [

] de nos missions quand vous en trouverez l'occasion, cependant soiez persuadé qu'on ne peut estre plus que ie le suis dans l'amour de J. C. crucifié

Mon tres cher frere

Vostre tres humble et tres obeissant serviteur

Gerbillon Jésuite.

Vous scavez que pour me faire tenir des lettres il ne faut que les mettre entre les mains du R. P. Verjus vers le commencement de Janvier particulierement, et en quelquautre saison que ce soit il aura soin de les envoyer quand il trouvera occasion aussi bien que toutes les autres choses qu'on me voudroit faire tenir.

IV.

A Peking le 16 Septembre 1700.

Mes tres honorés Pere et Mere

La paix de Nostre Seigneur

J'ay eu la consolation de recevoir ces deux dernieres années plus de lettres de vostre part que ie n'en avois receu depuis que ie suis party de France. Je repondis il y a deux ans et l'année passée à celles que le P Bouvet [1]) et le P Dolzé [2]) m'avoient apporté et ie receu sur la fin de l'année passée celles dont vous avies chargé le P. Verzeau [3]) avec vne lettre qu'il m'écrivoit luy mesme d'Alep, ou il me mandoit qu'il vous avoit veu a Verdun &c. J'espere que vous aurez aussi receu plus exactement les lettres que ie vous ay écrites ces années dernieres que les precedentes et si le P. de Fontaney [4]) mon bon ami est arrivé heureusement en France comme iay lieu de l'esperer, vous aurez esté fort amplement informé de tout ce qui me touche; ie l'ay chargé de tous les originaux de mes voïages et des remarques que i'y ai fait, n'ayant pas eu le loisir d'en faire des copies: ie ne scay s'il les donnera au publique ce que iay laissé a sa discretion et a celle des PP Le Comte [5]) et

----

1) *Joachim* Bouvet, 白晉 *Pe tsin*, né au Mans le 18 juillet 1656; arrivé en Chine en 1687; † à Pe-king, 28 juin 1730.

2) *Charles* Dolzé 翟敬臣, né à Metz, en 1663; † 22 juillet 1701 à Pe-king.

3) *Adrien* Verzeau, né à Vervins, le 12 février 1668; † à Constantinople, 28 janvier 1720.

4) *Jean* de Fontaney 洪若翰 *Hong Jo-han*, né le 17 février 1643, au diocèse de Léon; † 16 janvier 1710, à la Flèche; premier supérieur de la Mission française de Pe-king.

5) *Louis Daniel* Le Comte 李明 *Li Ming*, né à Bordeaux le 10 oct. 1655; † à Bordeaux, 18 avril 1728; Confesseur de la Duchesse de Bourgogne.

Le Gobien qui sont aussi beaucoup de mes amis, mais au moins iespere qu'on vous en aura fait part pour vostre consolation particuliere, ainsi que ie lay tres expressement recommandé; vous serez par la amplement informé de mes courses et de mes employs. J'ay esté aussi occupé cette année aupres de l Emp^r que les precedentes. Sa Maj^{té} ayant voulu que ie demeurasse touiours aupres de Luy dans sa Maison de plaisance avec vne partie des nouveaux compagnons que le P Bouvet nous a amené dont le P Dolzé que vous avez veu est un des principaux et dont l'Empereur fait beaucoup de cas. Jay aussi suivi sa Maj^{té} dans un voïage qu'il a fait ce printemps pendant 20 iours; il nous fit plus d'honneur et de caresses durant ce voïage qu'il n'avoit iamais fait et ce qui a mis le comble a ses bienfaits c'est qu'il nous a donné vne permission expresse de bastir vne Eglise au vray Dieu dans vn emplacement qu'il nous avoit desja donné tout ioignant nostre maison qui est comme ie vous l'ay desja mandé dans l'enceinte de son palais, et qu'il a bien voulu contribuer au bastiment de cette Eglise, en nous donnant vne grande partie des materiaux et vne somme d'argent pour aider; au reste quelques uns des princes et des 1ers Seigneurs de cette cour qui ont beaucoup de bonté pour moy y ont aussi contribué des sommes assez considerables de sorte que Dieu nous a fourni les moiens de luy bastir iusques dans le palais d'un empereur idolastre un temple qui en sera un des plus beaux ornemens et que i'espere d'achever sans que nous y employons un sol d'argent de France. Comme tous les compagnons qui nous sont venus de France au nombre de 16 sont heureusement arrivés nous avons aussi fait plusieurs nouveaux établissemens dans les provinces pour les placer et leur donner moien de satisfaire leur zele. Ce n'est pas vne petite consolation pour moy que Dieu aye bien daigné se servir de mes foibles soins et de mes petits travaux pour donner commencement a vne Mission qui aura selon toutes les apparences de grandes suittes pour sa gloire et pour l'établissement solide du christianisme dans ce vaste Empire qui est dans vne grande paix et ou les peuples sont partout tres bien disposés a recevoir la prédication de l'Evangile. Joignés vos prieres aux miennes affin que les grands succes dont Dieu a beni mes petits travaux ne soient pas toute ma recompense; ce n'est pas que ie n'aye eu des croix a porter et bien des traverses a surmonter du costé que i'en devois le moins attendre; mais Dieu m'a fait la grace d'en venir a bout et auiourd'huy nos affaires sont dans vne situation assez tranquille.

Pour ce qui est de faire un voïage en Europe vous pouvez bien iuger que la plus grande consolation que ie puisse avoir en ce monde seroit celle de vous revoir et de vous embrasser encore vne fois et les fatigues ny les dangers du voïage ne m'auroient pas fait balancer un moment pour l'entreprendre: mais outre que l'attachement que l'Empereur a voulu iusques icy que i'eusse aupres de sa personne ne me donnoit aucun lieu d'esperer que i'en pûsse obtenir la permission de Sa Majesté de bonne grace, tous mes compagnons ont iugé ma présence si necessaire en cette cour pour le succes de nostre mission qu'ils n'auroient iamais consentis que i'en fisse seulement la proposition: dans la suitte comme i'ay presentement icy vn assez grand nombre de compagnons qui ont beaucoup de merite et qui seront comme ie l'espere fort goutté en cette cour quand ils y seront bien connûs, il n'est pas impossible que l'Empereur luy mesme me fasse faire un voïage en France si la bonne correspondance entre luy et le Roy continue comme elle a commencé: si la Providence en ordonnoit ainsi ie profiterois de cette occasion pour vous procurer la satisfaction que vous desirez et pour en iouïr moy mesme. Cependant ie continue mes voeux et mes prieres pour la conservation de vostre santé et ie demande incessament a Dieu qu'il vous comble de ses plus douces consolations sur la fin de vos iours apres avoir éprouvé votre constance par tant de disgraces en vous enlevant comme il fait la plus considerable partie de la famille qu'il vous avoit donné sans que i'aye pû partager vostre douleur et contribuër quelquechose a vostre consolation dans ces tristes évenemens.

J'ecris encore cette année a Me de Talvenne et a M^r son fils parcequ'ils m'ont prié de leur donner souvent de mes nouvelles et ie recommande fort ce dernier aux PP. Dez et Le Comte qui le connoissent desja: i'escris aussi a ma tante de Ste Claire et a ma niepce dont les lettres ne m'ont esté rendüe que sur la fin de l'année passée lorsqu'il n'estoit plus temps d'escrire; ne vous inquietez de rien sur mon chapitre; ie n'ay besoin de rien par la grace de Dieu pour mon particulier, et n'estoit l'eloignement des lieux ie serois plus en estat de vous envoïer de temps en temps des curiositez de ce pays que dans le besoin de vous demander quelquechose: Le P. Bouvet a apporté icy des crystaux et autres curiositez suffisamment pour nous acquitter envers nos amis et desormais qu'il y-aura un commerce plus reglé entre la France et la Chine ceux qui ont soin de nos affaîres a Paris ne manqueront pas de nous pourvoir de ce qui nous est necessaire Je vous prie seulement de continuër a prier Dieu pour moy et d'estre persuadé que ie suis touîours avec tout le respect et la tendresse possible

Mes tres honorés Pere et Mere

Vostre tres humble et tres obeissant fils

J. Fr. Gerbillon Jesuite.

Si le R. P. Barthelemy est encore a Verdun ie vous prie de l'assûrer de mes respects et de la continuîition de mon amitie; ie luy escrivis l'an passé; ie saluë aussi le R. P. Senocque et tous ceux que vous scavez estre de ma connoissance mais surtout toute nostre famille et nomment mon frere ma belle soeur et mon petit nepveu.

A Monsieur

Lorraine.

Monsieur GERBILLON de Buzy
Con^{er} du Roy ancien Maire Echevin de Verdun.

A Verdun.

V.

A Peking le 6e Decembre 1702.

Mes tres honorés Pere et Mere

La paix de Nostre Seigneur

Quoyque i'ay eu lhonneur de vous escrire il y a trois mois par le retour du vaisseau qui ramena l'année passée le P de Fontaney a la Chine et que iaye repondu a toutes les lettres que ce Pere m'apporta de vostre part il y a plus d'un an, cependant comme ie n'ay guerres de plus grande consolation que celle de recevoir de vos nouvelles et de vous en donner des miennes, ie me sers avec plaisir de l'occasion du retour du mesme P de Fontaney qui va estre procureur de nos missions a Paris, pour vous escrire encore cette lettre. Je n'en ay point encore receu des vostres cette année parceque les vaisseaux francois qu'on nous a mandé devoir venir cette année à la Chine ne sont pas encore arrivés, que nous sachions; apparemment qu'ils m'apporteront de vos lettres, car il y a trois de nos peres sur ces vaisseaux et en autres le P. Jacquemin [1]) qu'on m'a dit estre de Verdun qui apparemment sera chargé de vos lettres; ce qui me console est que iay receu vne lettre du P. Le Gobien venüe sur vn vaisseau Anglois dans la quelle il me mande qu'il vous a envoyé les lettres que ie luy addressay pour vous il y a deux ans, et que vous estiés l'un et l'autre en bonne santé: desormais i'auray encore plus facilement de vos nouvelles car le P. de Fontaney qui est extremement de mes amis aura un soin tout particulier, comme il me la promis, de vous faire tenir mes lettres, de m'envoyer les vostres et vous fera sçavoir ce qui me regarde. Si son départ n'avoit pas esté si précipité et qu'il fut retourné sur un vaisseau francois, ie n'aurois pas manqué de le charger de quelques bagatelles de ce pays cy pour vous les porter comme vne marque de ma reconnoissance et de mon respect; mais allant sur un vaisseau Anglois, il ne peut se charger de rien, outre que i'avois desjà envoyé à Canton ce que i'avois a envoyer en France pour estre porté par le vaisseau francois qui y vint l'année passée, Je ne scay sil laura emporté a cause de la crainte qu'on a de la guerre; mais soyes assuré que sil la emporté le P. de Fontaney aura soin qu'on vous l'envoye: il y a deux pieces de satin pour vous et quelques porcelaines; Mais ie vous prie de n'en point parler, si on ne vous les envoyoit pas; car ce ne pourra estre que parcequelles ne sont pas arrivées: et iay eu trop de chagrin des reproches qu'on fit il y a deux ans a nos Peres comme sils avoient manqué a vous faire tenir ce que ie vous avois envoyé quoyquil n'y eut nullement de leur faute, puisque ce qui a manqué n'estoit pas seulement party de la Chine ainsi que ie vous l'ay marqué dans mes lettres de l'année passée; s'il arrivoit encore du bruict en pareille occasion cela m'osterait entierement la liberté de jamais rien envoyer en France.

---

1) *Claude* Jacquemin, 彭加德, né en Lorraine, 3 sept. 1669; † à Pe-king, 1735; il arriva en Chine avec le P. de Mailla.

Je vous ay desja mandé que le P. de Fontaney en arrivant icy m'a fidellement remis la boite contenant les phiolles de crystal avec le beau breviaire que vous avez eu la bonté de m'envoyer aussi bien que les verres que m'envoiöit mon frere, je vous en reïtere mes très humbles remerciemens et ie vous prie de ne plus songer a me rien envoyer Je n'ay besoin de rien que de beaucoup de vertus et ie n'ay que trop abondamment ce qui me peut estre d'usage pour les commodités de la vie propres de ma profession; toute la grace que ie vous demande est de vous souvenir touiours de moy dans vos prieres comme ie ne manque pas a le faire fort regulierement de vous et de toute la famille toutes les fois que i'ay le bien de celebrer le St Sacrifice de la messe; ie viens actuellement de la dire pour vous et nommement pour ma mere car c'est aujourd'huy la feste de son St. patron; et i'en dis touiours vne chaque semaine pour vous, priant nostre Seigneur de vous conserver dans sa ste. grace et de vous combler de ses plus pretieuses benedictions.

Je vous ay deja mandé plusieurs fois qu'il n'y avoit nulle apparence que nous pussions nous revoir en ce monde: on ne veut point que ie quitte le poste ou ie suis, et aujourd'huy qu'on ma chargé du soin de toute nostre mission me voila plus attaché a la Chine que jamais, ainsi il faut nous consoler dans l'esperance de nous revoir dans le ciel.

Comme il nous est venu ces annees dernieres beaucoup de Missionnaires et qu'il faut les establir et ouvrir de nouvelles missions dans les vastes provinces de cet empire, i'ay esté plus occupé que iamais et le suis encore beaucoup; quoyque ie n'aye pas esté obligé de suivre l'Empr. dans ses voiages comme ie faisois auparavant, ce qui m'a donné le loisir de bien restablir ma santé qui est, Dieu mercy, en fort bon estat: Si ie pouvois esperer d'estre entierement delivré des embaras et du tumulte de la cour pour n'avoir plus qu'a penser a mon salut et a travailler a celuy des pauvres chinois, ie n'aurois rien a desirer en ce monde: cependant comme il paroit que c'est la volonté de Dieu, que ie reste dans cette cour pour y travailler a l'establissement de nostre mission des Jesuites francois et aider et favoriser toutes les autres comme i'ay toujours tasché de faire, Je suis resolus a m'y conformer entierement et a ne rien faire pour en sortir, esperant de la bonté de nostre Seigneur qu'il me fera miséricorde et qu'il me soutiendra dans les employs difficiles dont sa Providence m'a chargé. Je me recommande toujours a vos bonnes prieres et a celle de toutes les personnes que vous scavez prendre quelque part a ce qui me touche. Je salue bien particulierement mon frere ma belle soeur ma niepce et mon petit nepveu que ie vous recommande bien de faire elever dans la crainte de Dieu. Je présente icy mes respects a ma tante de Ste Claire, au cher et R. P. Barthelemy et a tous ceux de nos peres qui sont de ma connoissance dans le college de Verdun.

Je suis toujours avec tout le respect et la soumission possible

Mes tres honorés Pere et Mere

Vostre tres humble et tres obeissant fils

J. F. GERBILLON J.

A Monsieur

Monsieur GERBILLON de Buzy
Ancien Maistre Echevin de Verdun.

A Verdun.

Lorraine.

IMPRIMERIE CI-DEVANT E. J. BRILL, LEIDE.